Les folles aventures de Don Quichotte

D'après l'œuvre de Cervantès

Un récit d'Hélène Kérillis
illustré par Raphaël Gauthey

HATIER

La gouvernante
Don Quichotte

Les personnages de l'histoire

1

Pour la quatrième fois, le son d'une cloche retentit dans les couloirs d'un pauvre château d'Espagne. La gouvernante sonnait pour annoncer l'heure du déjeuner, mais en vain. Son maître ne paraissait pas. La vieille femme se décida à parcourir les longs couloirs qui séparaient la cuisine de la bibliothèque où il se tenait. Avec ses fenêtres aux carreaux fendus, ses boiseries rongées par le temps, la demeure n'était pas en bon état.

– Qu'est-ce qu'il fabrique encore ?

Arrivée devant la bibliothèque, la gouvernante s'arrêta, surprise. Des éclats de voix lui parvenaient à travers la porte. Pourtant, aucune visite n'avait été annoncée. La vieille femme se risqua à ouvrir. Ce qu'elle vit la cloua sur place.

– Misère de misère ! Il est fou !

La pièce était sens dessus dessous : chaises renversées, tableaux de travers, rideaux déchirés. Un livre dans une main et une épée dans l'autre, le seigneur du château combattait un ennemi imaginaire…

– Holà ! Traître, bandit ! Je vais te couper par
la moitié comme a fait Amadis de Gaule à deux 1
terribles géants !

– Misère ! répéta la gouvernante, où est-il allé chercher tout ça ?

Sur la table, elle venait d'apercevoir des pièces d'armure, écu, casque, cuirasse, recouvertes de poussière et de rouille.

– À moi, Palmerin d'Angleterre ! À moi ! Sus 2
à l'ennemi !

Le combat continuait avec tant de violence que la gouvernante jugea plus prudent de s'en retourner d'où elle venait.

Le seigneur du château, fatigué par les moulinets de son épée, se jeta dans un fauteuil. Sa tête bouillonnait de tout ce qu'il avait lu dans ses livres de chevalerie : batailles, enchan-
tements, amours et tant d'autres extravagances. 3
Il croyait dur comme fer que toutes ces inventions des siècles passés étaient la vérité pure. Et les lire ne lui suffisait plus. Il avait pris ce matin-là une grande décision :

– Je vais me faire chevalier errant ! 4

Désormais, il vivrait comme les héros de légende dont il admirait les exploits : il irait par le monde pour redresser les torts et réparer les injustices. Mais ce n'est pas une mince affaire que de rendre le monde meilleur ! Par où commencer ?

– D'abord les armes ! Un chevalier digne de ce nom porte des armes.

Il avait donc pris celles qui dormaient depuis des siècles dans un coin oublié du château.

– Ensuite, le cheval !

Dans l'écurie se tenait une bête montée sur de hautes pattes, et qui n'avait que la peau sur les os. Mais emporté par ses rêves de chevalerie, il la trouva magnifique.

– Et maintenant, un nom !

Il passa quatre jours à ruminer dans sa tête comment il appellerait son cheval : il se décida pour Rossinante. Il passa huit autres jours à se chercher un nom digne d'un chevalier errant. Il se décida pour Don Quichotte. Mais les chevaliers de légende ajoutaient à leur nom un complément un peu plus ronflant. Il se nomma donc lui-même Don Quichotte de la Manche,

Quel nom de région d'Espagne Don Quichotte ajoute-t-il à son nom ?

du nom de la région d'Espagne où il habitait.

Des armes, un cheval, un nom : l'aventure allait-elle commencer ? Don Quichotte se souvint que les chevaliers errants n'avaient pas réalisé leurs exploits pour eux-mêmes mais pour la femme dont ils étaient amoureux.

– Si je renverse un géant ou si je le coupe en deux, il faudrait qu'il aille déclarer à ma dame : Je suis le géant Untel et j'ai été vaincu par le fameux chevalier Don Quichotte de la Manche !

Oui, il fallait d'urgence tomber amoureux. Mais de qui ? Don Quichotte avait croisé à plusieurs reprises une jeune paysanne qui habitait dans un village voisin, le Toboso. C'est le seul visage féminin réel dont il se souvenait.

– Je l'appellerai Dulcinée du Toboso. Voilà ! C'est fait : je suis amoureux !

C'est ainsi qu'un beau matin, Don Quichotte de la Manche, monté sur Rossinante, commença sa carrière de chevalier errant. Il s'avançait fièrement dans la campagne quand soudain, une terrible pensée l'arrêta : en fait, il n'était pas chevalier. Il n'était pas chevalier selon les règles décrites dans tous les livres de chevalerie. Pour cela, il fallait être adoubé, c'est-à-dire recevoir le titre de chevalier au cours d'une cérémonie.

– Quel désastre ! Je ne peux pas combattre.

Mais aussitôt, une autre pensée rassura Don Quichotte : il suffisait de se faire armer chevalier par la première personne qui accepterait de l'adouber. Il reprit donc son chemin, c'est-à-dire celui que voulait Rossinante : pour Don Quichotte, en cela consistait l'aventure, aller au hasard. Il chevaucha ainsi tout le jour, la tête remplie de rêves. Il croisa des bergers, des bêtes aux champs, des paysans au travail, rien qui mérite d'engager un combat. Et le chevalier se désespérait :

– Comment ? Aucun tort à redresser ? Aucune injustice à réparer ?

Au coucher du soleil, Rossinante et son maître étaient épuisés de fatigue et presque morts de faim. Don Quichotte se mit à chercher un lieu digne d'accueillir un chevalier pour la nuit.

– J'aperçois là-bas un château avec tours et fossés.

Les tours et les fossés n'existaient que dans son imagination. En fait, c'était une hôtellerie.

– Seigneur châtelain ! appela Don Quichotte en entrant.

Imaginez la surprise de l'aubergiste lorsqu'il s'entendit nommer châtelain ! Et surtout quand il aperçut la mine de celui qui lui parlait : un homme grand et maigre comme un coucou, vêtu d'armes passées de mode depuis des siècles, qui descendait d'un cheval tout aussi grand et maigre que lui ! Mais un client est un client. L'aubergiste fit entrer son hôte et lui servit un repas. Il n'était pas au bout de ses surprises ! Une fois restauré, Don Quichotte entraîna l'aubergiste à part, se mit à genoux devant lui et déclara :

– Je ne me lèverai pas, seigneur châtelain, avant que vous ne m'ayez adoubé chevalier.

– Adou... quoi ?

– Adoubé ! Faites-moi chevalier.

– Qui, moi ? Mais je... Comment... ?

Don Quichotte insistait. Devinant la folie de son client, l'aubergiste finit par accepter, espérant que la cérémonie lui rapporterait un peu d'argent.

– Je n'en attendais pas moins de Votre Seigneurie ! déclara Don Quichotte. Je passerai cette nuit à veiller dans la chapelle de votre château avant la cérémonie.

De chapelle, il n'y en avait pas, bien sûr. Mais l'hôtelier persuada Don Quichotte que la basse-cour où s'ébattaient les porcs et les volailles en était une. C'est là que se recueillit Don Quichotte. Et c'est là que la cérémonie eut lieu : il s'agissait de prononcer une prière et de remettre une épée bénie au chevalier. En guise de livre sacré, l'aubergiste utilisa le registre où il tenait ses comptes, et se mit à lire sur le ton d'une prière :

– Tant pour la paille de telle mule, Sainte Vierge priez pour nous ! Tant pour le muletier, amen ! Tant pour l'orge de tel cheval, Notre Père qui êtes aux cieux… Tant pour la nuitée de tel voyageur…

Et c'est ainsi que Don Quichotte fut armé « véritable » chevalier.

2

Au matin, Don Quichotte quitta l'hôtellerie tout heureux, persuadé que la grande aventure allait vraiment commencer. Et en effet, quelque chose commença : sur le chemin s'avançait une douzaine de marchands qui se rendaient à la ville voisine pour leurs affaires. Don Quichotte se persuada qu'il se trouvait face à d'autres chevaliers errants. Et pour imiter ce qu'il avait lu dans les livres, il se redressa de toute sa hauteur et cria :

– Halte là ! Que toute la compagnie jure qu'il n'y a pas de plus belle dame au monde que Dulcinée du Toboso ! Ou je vous passe mon épée au travers du corps !

Imaginez l'effet que produisit sur les mar-
chands ce pauvre diable de Don Quichotte
arrêté au milieu du chemin, dans son accou-
trement de chevalier d'un autre âge ! Un des 6
marchands, qui aimait bien plaisanter, répondit :

– Montrez-nous son portrait ! Et même si elle

est laide et boursouflée, nous jurerons tout ce que vous voudrez !

– Laide ? Boursouflée ? Canailles ! Vous allez me payer cette injure sur-le-champ !

Et Don Quichotte chargea. Rossinante, sans 7
doute peu disposé à faire payer quoi que ce soit, trébucha. Notre chevalier tomba lourdement sur le sol et y resta cloué à cause du poids de sa vieille armure. Ce qui ne l'empêchait pas de hurler :

– Poltrons ! Canailles !

L'un des marchands, moins patient que les autres, répondit aux injures par une volée de coups de bâton. Et toute la troupe s'éloigna, laissant Don Quichotte incapable de se relever seul. Se souvenant d'un passage de ses chers livres de chevalerie, il s'écria :

– *Hélas, où donc es-tu ma Dame,*
Qui de mon mal n'a compassion ? 8

Le hasard fit passer par là un laboureur qui vivait dans le village de Don Quichotte. L'homme s'arrêta et se pencha vers le blessé, qui, tout à ses livres de chevalerie, lui récita :

– Ô noble marquis de Mantoue, mon oncle et seigneur par le sang…

– Mon nom est Pierre ! N'êtes-vous pas mon voisin ?

– Je sais qui je suis ! Je puis être Amadis de Gaule, ou…

– Mais non, je vous connais, vous êtes…

– …ou Palmerin d'Angleterre, ou…

Le laboureur renonça à faire entendre raison 9
au chevalier. Il le mit en travers de son âne et prit le chemin du château où habitait Don Quichotte.

Au château, la gouvernante se rongeait d'inquiétude. Elle avait appelé à son secours le
curé Pedro Pérez et maître Nicolas, le barbier 10
du village, deux amis de Don Quichotte qui le connaissaient de longue date.

– Misère ! se lamentait la vieille femme. Qu'a-t-il pu lui arriver ?

– Par Dieu ! Ces maudits livres lui ont tourné
l'esprit ! grommelait le curé. 11

– Holà ! Y a-t-il âme qui vive dans ce château ? Ouvrez la porte !

La gouvernante se précipita : on lui rapportait Don Quichotte, mais dans quel triste état ! Plus sec, plus maigre que jamais, et le corps zébré de coups.

D'après le curé et la gouvernante,
qu'est-ce qui a rendu Don Quichotte fou ?

– Qu'on me porte à ma chambre, gémit-il. J'ai succombé alors que je combattais dix géants.

– Il est fou, il est fou, marmonnait la servante tout en préparant le lit.

Quand son maître fut endormi, elle rejoignit Pedro Pérez et maître Nicolas et leur raconta ce qu'elle avait vu avant le départ de Don Quichotte. Les deux hommes décidèrent de faire tout ce qui était en leur pouvoir pour venir en aide à leur ami.

– Par Dieu ! s'écria le curé. Donnez-moi les clés de la bibliothèque.

Le moindre recoin était envahi par des livres : il y avait plus de cent gros volumes de plusieurs kilos chacun et quantité de livres plus petits, les uns sur les rayonnages, les autres sur les tables et les chaises. Et tous parlaient de l'ancienne chevalerie, telle qu'elle se pratiquait des siècles auparavant, ou plutôt telle que les auteurs de romans se l'imaginaient, c'est-à-dire très éloignée de la réalité.

– Passez-moi les livres un par un, que je voie de quoi il retourne, dit le curé.

– « Amadis de Gaule, le parfait chevalier », lut le barbier en passant le premier volume qui se présentait.

– C’est ce nom-là ! cria la gouvernante. Misère de misère ! Ce qu’il y a dans ce livre a rendu mon maître fou.

– Pour avoir dit tant de sottises, l’auteur
méritait de ramer aux galères pour le restant 12
de ses jours. Qu’on jette ce livre !

La gouvernante ne se le fit pas dire deux fois. Elle ouvrit la fenêtre et jeta le livre dans la cour. Les autres volumes subirent le même sort : chevaliers, enchanteurs, géants et belles dames tombèrent pêle-mêle sur le dallage. C’est que la vieille femme, qui ne savait pas lire, craignait les pages noircies de signes : elles avaient « enchanté »
son maître de leur puissance maléfique. 13

La nuit suivante, on fit dans la cour un grand feu. On y brûla les livres de chevalerie, mais partirent aussi en fumée bien des ouvrages intéressants, qui auraient mérité d’être lus et sauvés. On fit même murer l’entrée de la bibliothèque, afin d’empêcher Don Quichotte de retomber dans sa maladie.

Une fois guéri, Don Quichotte se leva. Il parcourut son château en long et en large, mais ne réussit pas à retrouver l’entrée de sa bibliothèque. Il finit par demander à sa gouvernante où étaient ses chers livres.

– Un enchanteur est venu et a tout emporté, mentit la vieille femme à qui le curé avait bien appris sa leçon.

– Quel enchanteur ?

– Misère ! Monsieur le curé vous dirait ça mieux que moi… Un nom qui se terminait par « ton », ou quelque chose comme ça…

– Freston ! Mon ennemi juré !

Mettre la disparition des livres sur le compte d'un enchanteur, c'était un test. Ce Freston n'avait pas plus de réalité qu'Amadis, Palmerin ou les autres. Mais Don Quichotte croyait en leur existence ! La gouvernante eut la confirmation que son maître était encore plus malade qu'elle ne pensait. C'est pourquoi elle demanda à maître Nicolas et au curé Pedro Pérez de passer le voir tous les jours, à la fois pour le surveiller et lui tenir compagnie. Peut-être cela l'empêcherait-il de repartir sur les routes ?

Le fait est que Don Quichotte passa quinze jours dans sa maison, très calme. Il parlait bien de chevalerie errante, déclarant que c'est ce dont le monde avait le plus besoin, mais il ne mettait pas la chose en pratique. La gouvernante commençait à respirer.

Le matin du seizième jour, elle parcourut les couloirs du château, un plateau à la main, frappa à la porte de la chambre de son maître, entra sans attendre la réponse, déposa le plateau sur la table, alla ouvrir les rideaux et se tourna vers le lit. Elle étouffa un cri : la chambre était vide !

3

Pendant que la gouvernante découvrait la
fuite de son maître, deux hommes cheminaient 14
ensemble sur la route. Le plus grand, monté sur
son cheval Rossinante, n'était autre que Don
Quichotte. Le second, aussi petit et rond que le
premier était grand et maigre répondait au nom
de Sancho Pança. Il accompagnait le chevalier
errant comme écuyer, monté sur un âne qu'il 15
appelait *le grison.* À part manger et dormir, son
occupation préférée consistait à mêler des
proverbes à sa conversation.

– Que Votre Seigneurie fasse bien attention
de ne pas oublier ce qu'elle m'a promis au sujet
de l'île. Autant tu as, autant tu vaux ! 16

– N'aie pas peur, ami Sancho, répondit Don Quichotte. Les anciens chevaliers errants faisaient leurs écuyers gouverneurs des royaumes ou des îles qu'ils gagnaient, et je suis bien décidé à faire de même.

– Quand ?

– Il peut se faire que d'ici six ou sept jours, je gagne un royaume dont je te ferai roi. Que cela ne t'étonne pas car il arrive aux chevaliers errants des aventures étranges !

Quelques jours auparavant, alors qu'il passait le plus clair de son temps à discuter calmement avec Pedro Pérez le curé ou maître Nicolas le barbier, Don Quichotte avait mis secrètement sur pied un plan de bataille. Il avait rencontré un pauvre paysan de ses voisins, Sancho Pança, à qui il avait promis une île à gouverner, si bien que le malheureux avait décidé de planter là sa femme et ses enfants pour se mettre au service de Don Quichotte. Et c'est au beau milieu de la nuit, pour déjouer tous les soupçons, que les deux hommes étaient partis.

Maintenant, le jour se levait. Tandis que Don Quichotte et Sancho Pança marchaient dans une vaste plaine, d'immenses silhouettes apparurent au loin.

– Ami Sancho, regarde ! Voilà au moins trente
géants démesurés auxquels je vais livrer bataille. 17

– Où ça ? Quels géants ?

– Ceux que tu vois droit devant, avec leurs grands bras.

– Que Votre Seigneurie prenne garde ! dit
Sancho Pança, brusquement inquiet. Ce sont
des moulins à vent que vous me montrez. Entre
deux dents, il ne faut pas mettre le doigt ! 18

– On voit bien que tu ne t'y connais pas en aventures, ni en chevalerie. Ce sont des géants, te dis-je. Si tu as peur, va prier pendant que je leur livrerai bataille.

Et voilà notre chevalier qui se recommande à Dulcinée du Toboso, sa dame d'amour, abaisse sa lance et se précipite au grand galop contre le premier moulin en criant :

– Ne fuyez pas, lâches créatures, face à un chevalier qui ose vous attaquer tout seul !

La lance perça le bras du premier géant, autrement dit l'aile d'un moulin, donnant l'avantage au chevalier. Mais alors, un grand coup de vent accéléra le mécanisme. Le chevalier et sa monture furent enlevés haut dans les airs, et l'aile continuant sur sa lancée, ils furent brutalement jetés par terre.

– Votre Seigneurie ! s'écria Sancho Pança. Je vous avais bien dit que c'était des moulins à vent ! Qu'avez-vous donc dans la tête ?

– Paix, ami Sancho ! bredouilla le chevalier.

Qu'est-ce que Don Quichotte croit avoir attaqué ?

Les choses de la guerre sont pleines de hasards… Sans doute est-ce Friston l'enchanteur qui a changé ces géants en moulins pour m'ôter la gloire d'une victoire.

Sancho ne répondit rien. Un instant, il se demanda s'il était bien sage de se lancer dans cette vie d'écuyer en chevalerie errante, avec un homme du genre de Don Quichotte. Mais le désir de posséder une île fut le plus fort. Il resta.

Les deux hommes passèrent la nuit sous un arbre : Sancho en ronflant de bon cœur et Don Quichotte en pensant à sa dame, Dulcinée du Toboso, pour se conformer à ce qu'il avait lu dans les livres de chevalerie. Au matin, ils reprirent leur chemin, tout en passant le temps en discussions.

– Maintenant, nous allons réellement vivre de grandes aventures ! s'écria Don Quichotte. Et prends garde, Sancho ! Tu ne dois point participer à la bataille pour me venir en aide contre un adversaire, c'est contraire aux lois de la chevalerie errante tant que toi-même tu n'as pas été armé chevalier.

– Oh, pour ça, Votre Seigneurie sera bien obéie. Je n'irai pas me fourrer dans une bagarre.

– Regarde, Sancho !

Sur le chemin, un groupe de gens venaient à eux : deux moines vêtus de noir, chacun sur sa mule, suivis par un carrosse entouré d'hommes à cheval. Don Quichotte dit à Sancho Pança :

– Ou je suis fou, ou nous tenons la plus fameuse aventure qui se soit jamais vue ! Car ce sont à coup sûr des enchanteurs qui emmènent dans ce carrosse une princesse qu'ils ont enlevée. Il faut que je redresse immédiatement ce tort !

– Tant va la cruche à l'eau qu'à la fin, elle se 19
brise ! Ça promet d'être pire que les moulins…
grommela Sancho en lui-même.

Don Quichotte alla se planter au milieu de la route et cria aux deux moines :

– Gens diaboliques, gens venus de l'autre monde ! Rendez immédiatement sa liberté à la princesse que vous tenez prisonnière dans ce carrosse !

Les moines s'arrêtèrent, muets de stupéfac-
tion. Sans leur laisser le temps de s'expliquer, Don 20
Quichotte les attaqua. Un des moines jugea
plus prudent de prendre ses jambes à son cou, le
second se laissa tomber à la renverse. La bataille
avait été livrée, la victoire de Don Quichotte

était totale. Il s'avança vers la dame du carrosse et dit :

– Haute princesse, vous êtes libre ! Je ne vous demande qu'une chose en remerciement de cette liberté que je vous ai rendue : aller au village du Toboso et raconter ce combat à Dulcinée, ma dame d'amour.

Aller au Toboso, c'était faire demi-tour. Un des écuyers du carrosse perdit patience et lança à Don Quichotte :

– Au diable, chevalier de carnaval ! Laisse-nous passer.

Il n'en fallait pas plus pour déclencher un nouveau combat. Mais cette fois, l'adversaire était armé. L'écuyer du carrosse se jeta sur Don Quichotte, lui entailla l'oreille, mais ne put esquiver un coup du plat de l'épée sur la tête : déséquilibré, il tomba. Don Quichotte lui posa la pointe de son épée entre les deux yeux.

– Grâce ! Faites grâce à mon écuyer ! s'écria la dame du carrosse en accourant.

La grâce fut accordée à la condition habituelle : Toboso, Dulcinée, etc. Le carrosse fit demi-tour et disparut à l'horizon.

Quant à Sancho Pança, lorsqu'il vit tout

danger éloigné, il sortit des broussailles où il avait trouvé refuge et dit à son maître :

– Que Votre Seigneurie veuille bien me donner le gouvernement de l'île gagnée dans cette magnifique bataille.

– On ne gagne pas grand-chose dans ce genre d'aventure, reconnut Don Quichotte. À part une demi-oreille que j'ai laissée sur place… Patience, mon ami, d'autres aventures surviendront et je te ferai gouverneur ou quelque chose de mieux.

– Merci mille fois, Votre Seigneurie. Autant tu as, autant tu vaux ! Mais en attendant, pensons à nourrir notre estomac. Je n'ai qu'un oignon et un croûton de pain…

– Si tu avais lu autant de livres de chevalerie que moi, tu saurais que les chevaliers mangent parfois dans de magnifiques palais, et le reste du temps, ils vivent de l'air qui court.

– De l'air qui court, dites-vous ? C'est pour les chevaliers. Ça ne vaut pas pour les écuyers, j'espère ?

– Non, je n'ai rien lu à ce sujet…

Rassuré au sujet de son estomac, Sancho reprit la route avec entrain, décidé à trouver palais et festin. Malheureusement, il y eut à la place une dispute entre Don Quichotte et une vingtaine de gardiens de troupeaux : il en résulta une pluie de coups de bâtons qui tombèrent autant sur le maître que sur l'écuyer.

Les deux hommes reprirent la route, plus morts que vifs. Ils furent tout heureux d'apercevoir un bâtiment au détour du chemin.

– Une hôtellerie, murmura Sancho Pança, épuisé.

– Un château ! s'écria Don Quichotte.

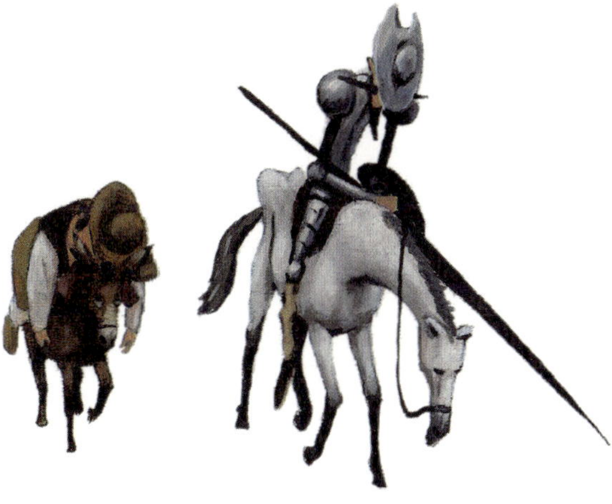

4

Dès que Don Quichotte fut entré dans l'hôtellerie, on le lava, on le soigna, on l'installa sur un lit, Sancho Pança à ses côtés. Si le chevalier avait eu les pieds sur terre, il aurait remarqué le matelas crevé, la couverture usée et les planches qui lui servaient de sommier. Au lieu de quoi, il s'adressa ainsi à la servante :

– Belle et noble dame, je garderai gravé dans ma mémoire la manière si bonne dont vous me traitez dans ce château. Si Dulcinée du Toboso n'était la dame de mon cœur, vos yeux seraient maîtres de moi !

– Qu'est-ce qu'y dit ? demanda la servante.

– Ce sont des compliments que les chevaliers errants font aux dames, répondit Sancho.

– Un chevalier errant ? Qu'est-ce que c'est ?

– Quoi ? Vous ne savez pas ? Il y a remède à
tout sauf à la mort ! Un chevalier errant, c'est 21
quelqu'un qui un jour est misérable et le lendemain roi ou empereur. Et qui distribue les

couronnes à son écuyer.

– Ah bon ? Vous avez une couronne ?

– Eh bien… Nous commençons tout juste…

Et les aventures continuèrent : la nuit fut
aussi mouvementée que le jour. Un muletier 22
avait un rendez-vous secret avec la servante.
Don Quichotte crut la dame en danger. Il
s'interposa. Cris. Bagarre. Réveil général. Du 23
haut en bas de l'auberge, on se poursuivit en
chemise et en bonnet de nuit, au milieu des
hurlements, des coups de bâtons et des portes
claquées. Ce qui n'empêcha pas Don Quichotte
de vouloir repartir dès le lendemain matin : il
lui semblait que tout le temps où il n'avait pas
d'aventures était du temps perdu pour le
redressement des torts et la réparation des
injustices. Au moment de quitter l'auberge, il
dit à l'hôtelier :

– Grande est ma reconnaissance envers vous, seigneur châtelain, pour m'avoir si bien accueilli. Si je puis vous payer en vous vengeant d'un affront qu'on vous a infligé, dites-le.

– Je n'ai pas d'affront à venger. J'ai seulement besoin que vous me payiez la dépense que vous avez faite cette nuit dans mon hôtellerie.

Sur qui les clients de l'hôtellerie se vengent-ils de la mauvaise nuit qu'ils ont passée ?

– Comment ? C'est une hôtellerie ? Alors le mieux que vous ayez à faire, c'est de renoncer au paiement. Car je n'ai jamais lu que les chevaliers errants payaient quoi que ce soit. Adieu !

Et Don Quichotte s'éloigna au trot de son cheval. L'hôtelier, furieux, se rabattit sur Sancho Pança pour réclamer son dû.

– Tu vas payer, mauvais drôle, ou ça va chauffer !

– Par la loi de la chevalerie que vous a dite mon maître, s'écria Sancho, je ne paierai rien !

Menaces de l'hôtelier, protestations de Sancho : le bruit attira quelques clients qui avaient envie de se venger de la nuit mouvementée qu'ils avaient passée. On se saisit du pauvre écuyer, on le jeta dans une couverture et on l'envoya voltiger dans les airs si haut et si fort que Sancho crut sa dernière heure arrivée.

– Au secours, Seigneur Don Quichotte, à l'aide !

À ces cris, Don Quichotte fit demi-tour pour délivrer son écuyer. À vrai dire, les clients se fatiguèrent du jeu avant qu'il n'ait à livrer bataille, et le chevalier récupéra Sancho la tête à l'envers tant il avait voltigé dans tous les sens.

– Vraiment, déclara Don Quichotte, ce château est enchanté, sans aucun doute. Tous ceux qui se sont moqués de nous sont assurément des fantômes ou des enchanteurs !

– Oh non, gémit Sancho, ce ne sont pas des fantômes qui m'ont si bien arrangé !

– Que tu sais peu de choses en fait de chevalerie, mon bon Sancho !

– Le mieux que nous ayons à faire, c'est de nous en retourner au pays et de nous occuper de nos affaires. Car depuis que vous êtes chevalier errant, je n'ai gagné ni couronne, ni gouvernement, mais des coups de bâtons ! Entre deux dents, il ne faut pas mettre le doigt !

– Tais-toi et prends patience. Un jour, tu seras gouverneur d'une île.

Au château de Don Quichotte, la gouvernante avait couru chez le curé après avoir constaté la disparition de son maître. Elle avait aussi prévenu le barbier et tous les trois s'étaient mis à chercher le chevalier. Ils avaient interrogé tous les gens du village et n'avaient pas tardé à apprendre qu'un paysan nommé Sancho Pança avait disparu lui aussi.

– Et il a emmené l'âne, avait gémi sa femme.

– Misère de misère ! Notre chevalier a converti quelqu'un d'autre à la chevalerie errante.

– Par Dieu, il faut les retrouver.

– Et me ramener l'âne ! dit la femme.

Munis de provisions par les soins de la gouvernante, Pedro Pérez et maître Nicolas étaient partis à la recherche des deux fugitifs.

– Les retrouver, ça ne va pas être facile.

– Par Dieu, les ramener, ça sera encore plus difficile ! Comment persuader un fou accompagné d'un autre fou ?

Bien loin de là, nos deux héros avançaient toujours. Soudain, Don Quichotte aperçut un épais nuage de poussière à l'horizon.

– Tu vois ce tourbillon, Sancho ? C'est une armée, une immense armée !

– Et de l'autre côté, il y a aussi un tourbillon.

La tête remplie de batailles, enchantements et autres aventures aussi merveilleuses qu'impossibles, Don Quichotte s'écria :

– Deux armées vont ici s'affronter ! Je gagnerai bien quelque couronne dans cette bataille.

La poussière était si épaisse qu'il était

impossible de distinguer les combattants. Pourtant, Don Quichotte les décrivait tous à Sancho : rois, chevaliers et géants avec leurs casques, leurs bannières, leurs couronnes. Sancho écarquillait les yeux.

– Je… je ne vois que des cornes et de la laine, murmura-t-il.

– N'entends-tu pas le son des trompettes, le bruit des tambours, les hennissements des chevaux ?

– Je n'entends rien d'autre que… des bêlements !

– C'est la terreur qui te fait entendre de travers, ou bien un enchanteur qui brouille tes sens. Mais si tu as peur, reste en arrière. Moi, je vais au combat !

– Arrêtez, arrêtez ! supplia Sancho.

– Jamais un chevalier ne refuse un combat ! cria Don Quichotte en se jetant dans la mêlée.

– Tant va la cruche à l'eau… Entre deux dents… Ce ne sont pas des rois, ni des géants que vous allez attaquer, ce sont… des moutons !

Le vaillant chevalier était déjà loin. Les bergers qui menaient les troupeaux – car c'était bien des troupeaux – crièrent à Don Quichotte de s'écarter.

Mais Rossinante, poussé par son maître, fonçait
au milieu des animaux, affolant les mères et leurs
petits. Furieux, les bergers détachèrent les frondes 24
qu'ils avaient à la ceinture et firent tomber sur
Don Quichotte une grêle de cailloux, les uns lui
martelant les côtes, les autres lui emportant la
moitié de la mâchoire et lui meurtrissant les
doigts. Chute du héros. Fuite des bergers. Déso-
lation de Sancho Pança.

– Quelle mine vous avez, Votre Seigneurie ! Je vous avais bien dit que c'était des moutons et non des armées.

– C'est ce maudit Friston, l'enchanteur qui me veut du mal ! Il a changé les choses…

L'écuyer eut un sursaut de lucidité : son 25
maître était fou. Sancho se jura de le quitter au
plus vite et de s'en retourner dans son village.
Tant pis pour l'île. Si au moins il revenait entier
chez lui, il s'estimerait satisfait. Mais comme
Don Quichotte faisait peine à voir, il décida
qu'il valait mieux l'accompagner jusqu'à une
auberge où on pourrait prendre soin de lui.

– Ami Sancho, demanda Don Quichotte, combien de dents me manquent à la mâchoire ?

– Combien aviez-vous l'habitude d'en avoir

de ce côté-ci ? fit Sancho en tâtant la gencive.

– Quatre. Peut-être cinq…

– Eh bien de ce côté-ci, tout est ras comme le plat de ma main !

Sancho Pança remit son maître debout, le
hissa tant bien que mal sur Rossinante et se mit 26
en route à ses côtés. Drôle d'équipage que ces deux hommes épuisés, montés sur des bêtes tout aussi lamentables qu'eux ! Et pas un château, pas une hôtellerie à l'horizon ! Et la nuit qui tombait ! Bientôt il fit noir. Les deux hommes auraient été bien heureux de trouver une misérable cabane et un quignon de pain, même rassis. Soudain, ils aperçurent une multitude de lumières, comme un troupeau d'étoiles volant au ras du sol…

5

À la vue des lumières dansantes, Sancho Pança, tout tremblant, se retrancha derrière Don Quichotte en bredouillant :

– Des… des fantômes !

– Je te défendrai contre eux ! s'écria le chevalier. Ne crains rien, ami Sancho.

Don Quichotte se redressa du mieux qu'il put malgré les blessures qui le faisaient souffrir. On apercevait, accompagnant les lumières, de grandes chemises blanches qui flottaient dans les airs. Sancho faillit s'enfuir, mais ce qui le retint, ce
fut la terreur : il se dit que ces êtres venus de 27
l'autre monde se mettraient peut-être à sa poursuite, et qu'alors il n'aurait plus le chevalier errant pour assurer sa protection.

Maintenant que les lumières et les chemises étaient toutes proches, on les entendait marmonner sur un ton d'une tristesse à mourir. Puis il apparut des pattes aux chemises, et des sabots et des jambes : il s'agissait d'une troupe d'hommes à cheval portant des torches allumées et précédant un brancard. Tout ce qu'il voyait, Don Quichotte l'arrangeait selon son imagination. Il se dit qu'il y avait là un chevalier blessé ou une dame captive. Donc un tort à redresser ou une injustice à réparer.

– Halte là ! s'écria le chevalier. Dites-moi qui vous êtes, d'où vous venez et qui vous emportez sur ce brancard.

– Nous sommes pressés. Laissez passer ! répondit brusquement un des hommes en chemise.

Il voulut continuer sa route sans faire attention à Don Quichotte, mais celui-ci attrapa son cheval par la bride. L'animal se cabra, l'homme en chemise tomba et tout le reste de la troupe s'enfuit : ces pauvres gens étaient sans armes !

– Quel vaillant homme que cet homme-là ! pensait Sancho, caché derrière son âne. Il a gagné la bataille… Autant tu as, autant tu vaux ! Et qui sait, peut-être y a-t-il une île qui va avec la victoire ?

– Alors, répondrez-vous maintenant ? cria Don Quichotte à l'homme en chemise.

– Nous… nous menons le corps d'un homme décédé jusqu'à la ville voisine où se trouve le tombeau de sa famille.

– Sachez que je suis Don Quichotte de la Manche, le célèbre chevalier redresseur de torts.

– Je ne sais pas ce que vous appelez le redressement des torts, car j'étais droit et vous m'avez fait tordu puisque je me suis cassé la jambe en tombant.

– Vous direz à tous, ajouta Sancho Pança qui s'approchait une fois le danger écarté, vous direz à tous que le brave qui vous a mis en déroute est le fameux Don Quichotte, le chevalier à la Triste Figure.

Une fois l'homme en chemise remonté à grand peine sur son cheval, Don Quichotte demanda à Sancho pourquoi il l'avait nommé chevalier à la Triste Figure.

– À la lueur des torches, maigre et blessé comme vous l'êtes, vous aviez bien la plus mauvaise mine que j'aie vue depuis des années !

– J'ai lu que les chevaliers d'autrefois avaient l'habitude de porter quelque surnom, comme le chevalier à la Licorne, ou bien le chevalier au Griffon… Aussi j'accepte celui que tu viens de me donner : Don Quichotte, le chevalier à la Triste Figure.

Les deux hommes étaient maintenant seuls dans la nuit noire. Mais ils n'avaient pas tout perdu puisque Sancho, profitant du désordre de
la bataille, avait fait main basse sur les provisions 28
des hommes en chemise. Ils mangèrent donc à leur faim, mais ils n'avaient rien à boire. Ils laissèrent aller leurs bêtes qui, guidées par l'instinct, s'approchèrent d'un endroit humide. On entendit alors le bruit de l'eau. Mais en même temps, se produisit un vacarme incroyable : un cliquetis métallique alternait avec de grands coups frappés en cadence, si fort que la terre en tremblait !

Sancho n'avait qu'une envie : s'enfuir ! Mais Don Quichotte se sentit une fois de plus prêt à redresser un nouveau tort ou à réparer une nouvelle injustice.

– Ami Sancho ! dit-il. Je sais que je suis né pour ressusciter l'âge d'or de la chevalerie parmi
les hommes. Resserre la sangle de Rossinante et 29
regarde comme je vais affronter cette nouvelle aventure !

– Votre Seigneurie, gémit Sancho, pourquoi courir un pareil danger ? Tant va la cruche à l'eau qu'elle se brise ! Il fait nuit, si nous faisons un détour, personne ne nous verra, personne ne nous traitera de poltrons !

Mais Don Quichotte brûlait de partir au combat. Sancho, lui, était terrifié à l'idée de rester seul dans le noir face aux horribles créatures qui faisaient un tel vacarme. Et la peur donne des idées… Se penchant pour resserrer la sangle de Rossinante, Sancho attacha ensemble les deux pattes du cheval. Don Quichotte voulut faire avancer l'animal, mais en vain. Rossinante faisait des bonds désordonnés, menaçant de jeter son cavalier à terre.

– Qu'est-ce donc que ce prodige ? s'étonna Don Quichotte.

– C'est sûrement un coup de l'enchanteur Friston ! Vous voilà obligé d'attendre le matin…

Don Quichotte prit son mal en patience et attendit que Friston veuille bien faire cesser l'enchantement…

Quand le jour se leva, l'écuyer détacha discrètement Rossinante, qui n'avait qu'une envie, se dégourdir les pattes. Don Quichotte y vit le signe que l'aventure pouvait commencer.

– Reste ici, ami Sancho, tandis que j'affronte

Qu'est-ce que Don Quichotte promet toujours d'offrir à Sancho Pança ?

ce danger. Et s'il plaît à Dieu de me donner la victoire, tu peux considérer la possession de l'île comme archi-certaine.

Sancho Pança fut touché de ces paroles : au-delà de sa folie, son maître avait une générosité et un courage qui forçaient l'admiration. Sancho renonça à le quitter comme il en avait eu l'intention. Il s'approcha même du lieu du combat, cherchant à savoir d'où venaient les coups qui avaient ébranlé le sol toute la nuit et continuaient de plus belle. Mais quand il vit ce qui les produisait, Sancho éclata de rire. Ni géants, ni enchanteurs ! C'était une machine à fouler la laine dans de grands bacs de pierre !

– Je sais que je suis né pour ressusciter l'âge d'or de la chev… commença Sancho en imitant son maître.

Furieux qu'on se moque de lui, Don Quichotte donna sur la tête de son écuyer un bon coup du plat de son épée. Ce qui n'empêcha pas Sancho de continuer :

– Je ne sais trop ce que donnent les chevaliers à leurs écuyers, lorsqu'ils les ont assommés. Peut-être un royaume en terre ferme à la place d'une île ?

– Cela pourrait venir plus vite que tu ne penses ! Mais j'y mets une condition : que tu cesses de parler, jacasser et raisonner, car je n'ai point lu que selon les lois de la chevalerie les écuyers assomment ainsi leur maître à coups de proverbes. Aussi, je ne t'autorise plus à me parler que lorsque je te demanderai quelque chose.

Voilà bien la plus rude punition qu'on pouvait infliger à ce bavard de Sancho, lui interdire d'ouvrir la bouche !

Les deux hommes continuèrent leur route, se dirigeant vers les montagnes de la Sierra Morena : Don Quichotte avait décidé de vivre dans la montagne comme faisaient les chevaliers errants dans les livres qu'il avait lus. Les uns y avaient rencontré des géants, les autres des enchanteurs, d'autres s'y retiraient pour penser à leur dame en silence, et c'est ce que fit Don Quichotte. Sancho, lui, ouvrait la bouche deux fois par minute, prenait une inspiration, soufflait, refermait la bouche, hochait la tête, roulait des yeux. À la fin, il explosa :

– Seigneur Don Quichotte, je veux retourner chez moi, avec ma femme et mes enfants.

– Pourquoi, ami Sancho ? T'ai-je mal traité ?

– Avec eux, au moins, je peux parler, crier, chanter et dire tout ce qui me passe par la tête ! Chercher des aventures, recevoir des coups de poing et des coups de bâton, tout ça sans pouvoir lâcher ce qu'on a sur le cœur, c'est impossible à supporter !

– C'est bon, Sancho ! Dis ce que tu voudras désormais. Je lève l'interdit.

Et l'écuyer se mit à rattraper le temps perdu en mêlant à ses réflexions toutes sortes de proverbes :

– Autant tu as, autant tu vaux ! Il y a un remède à tout sauf à la mort ! Tant va la cruche…

Et c'est ainsi qu'ils arrivèrent dans la partie la plus sauvage de la montagne. Don Quichotte
décida de s'y installer en ermite, au grand déses- 31
poir de Sancho Pança.

– En fin de compte, que voulez-vous faire ici ? demanda-t-il à son maître.

– Imiter le chevalier Amadis de Gaule, qui fit le désespéré et le furieux après avoir appris que sa dame en aimait un autre. Il devint fou, arracha des arbres, tua des bergers, incendia des chaumières…

– Vous allez vraiment faire tout ça ?

– Peut-être pas exactement tout.

– Cet Amadis, il avait une raison de faire ces sottises. Mais vous, quelle raison avez-vous de devenir fou ?

– Qu'un chevalier errant devienne fou quand il a une raison, c'est bien peu de chose ! Le mérite n'est-il pas encore plus grand de perdre la raison sans raison ? Fou je suis, et fou je serai jusqu'à ce que tu reviennes avec la réponse à une lettre que je vais écrire. Tu vas la porter à Dulcinée du Toboso, ma dame d'amour, et lui raconter tout ce que je souffre pour elle.

Aussitôt, Don Quichotte commença la lettre en ces termes :

Haute Dame, ma souveraine,

Si ta beauté me dédaigne, moi le chevalier blessé au cœur…

Et quand il fut question de préciser à Sancho l'adresse de la souveraine en question, Don Quichotte nomma le village du Toboso et le père de la dame. Sancho Pança, qui connaissait les paysans des villages voisins, s'étonna :

– Comment, c'est cette fille de paysan qui est Dulcinée ?

– C’est elle-même qui mérite de régner sur tout l’univers.

– Sur tout l’univers, certainement ! Forte comme elle est, capable de battre le blé et de travailler aux champs comme un homme.

– Je la peins dans mon imagination telle que je la désire, et cela me suffit.

Sancho Pança ne voulut pas en entendre davantage. Il prit la lettre, tourna les talons et se dirigea vers la plaine, laissant son maître seul.

6

– À qui demander ? fit maître Nicolas. Ni les arbres, ni les rochers ne parlent !

– Par Dieu ! répondit Pedro Pérez. Nous trouverons sans doute trace d'un campement, du moins, je l'espère.

Ainsi discutaient le curé et le barbier, à la recherche de leur ami Don Quichotte. Ils venaient de quitter la dernière auberge où le fugitif était passé : comme il avait refusé de payer, on se souvenait très bien de lui ! Le curé et le barbier apprirent ainsi que Don Quichotte et Sancho étaient partis pour la Sierra Morena.

– Même si nous les retrouvons, comment les persuader de rentrer ? Ils sont aussi fous l'un que l'autre.

– Il faudra inventer une folie plus grande encore. Regardez !

Le curé tendait le bras en avant : sur la route s'avançait un petit homme rond qui se parlait à lui-même, faisant les questions et les réponses.

– Sancho Pança !

– Tout seul ! Qu'a-t-il fait de Don Quichotte ?

Pedro Pérez et maître Nicolas arrêtèrent Sancho, qui reconnut le curé et le barbier de son village. Il leur raconta Amadis de Gaule, les arbres arrachés, les chaumières incendiées… Les deux hommes, qui connaissaient pourtant la folie de Don Quichotte, en restèrent muets de stupéfaction. Quand Sancho en vint à la lettre pour Dulcinée du Toboso, le barbier demanda à la lire. Peut-être cela leur donnerait-il une idée pour faire revenir Don Quichotte dans son château ? Sancho tâta ses poches, retourna son chapeau, fouilla ses bottes, sans succès.

– Perdue ! Je l'ai perdue ! dit-il en s'arrachant les cheveux. Et avec, j'ai surtout perdu la promesse écrite de mon maître de me donner trois ânons en récompense de mon service d'écuyer.

– Calmez-vous, Sancho, dit le curé. Dès que nous trouverons Don Quichotte, je vous promets que je lui parlerai des trois ânons.

– Alors, peu importe la lettre à Dulcinée, parce que mon maître me l'a fait apprendre par cœur !

– Eh bien, dites-la ! s'écria le barbier. Pedro
Pérez va la transcrire. 32

Sancho se râcla la gorge, se gratta la tête, se mit sur un pied, puis sur l'autre, regarda le ciel, puis la terre et finit par bafouiller :

– Ben… Ça commence à peu près comme ça : *haute et souterraine dame…*

– Ce serait pas plutôt *surhumaine* ou *souveraine* ?

– C'est ça, oui, *souveraine*, c'est ce que je voulais dire. Et ça continuait en disant : *Le dédain de l'ingratitude… Ta beauté du cœur blessé…* Enfin quelque chose dans ce goût-là.

Le curé et le barbier renoncèrent à transcrire la lettre. Ils se remirent à discuter des moyens de ramener le chevalier errant chez lui. Employer la force ne leur paraissait pas réalisable : Don Quichotte résisterait… Et il était armé. Il valait mieux utiliser la ruse.

– Alors voilà ce que nous allons faire, dit Pedro Pérez.

Après une nuit passée à l'hôtellerie – et cette fois-ci en payant la dépense – le curé Pedro Pérez, maître Nicolas le barbier et Sancho Pança reprirent leur route vers la montagne. Arrivé dans les gorges sauvages de la Sierra Morena,

Sancho dit à ses compagnons :

– Il vaudrait mieux que j'aille seul porter la réponse de Dulcinée…

La prétendue réponse de Dulcinée, Pedro Pérez en était le véritable auteur. L'écuyer la savait réellement par cœur cette fois, et tous espéraient qu'elle suffirait à arracher Don Quichotte à la montagne. Mais hélas, Sancho revint seul, comme il était parti. Il annonça qu'il avait bien retrouvé Don Quichotte, plus sec et plus maigre que jamais, et à moitié mort de faim à force de se nourrir d'herbe et d'air.

– Tu lui as bien dit ce qu'on avait décidé ? Que sa dame d'amour lui ordonnait de quitter la Sierra Morena ? demanda le curé à Sancho.

– Oui.

– Et qu'elle lui ordonnait de se rendre au Toboso ? Et qu'il vienne se jeter à ses pieds ?

– Oui, oui ! Il y a remède à tout sauf…

– Achève, par Dieu ! Assez avec tes proverbes !

– Je ne dirai plus rien, si c'est comme ça !

– Allons, reprit le barbier, conciliant, parle à ta façon…

– … remède à tout sauf à la mort ! Mon maître m'a répondu qu'il ne paraîtrait en présence de

Quelle ruse le curé et le barbier imaginent-ils pour que Don Quichotte quitte la montagne ?

Dulcinée que lorsqu'il aurait accompli les exploits nécessaires pour mériter son amour.

Les deux hommes se regardèrent. Il ne serait pas si facile de convaincre Don Quichotte…

– Par Dieu ! On ne va pas renoncer ! s'écria le curé. Ouvrons le paquet.

La servante de l'auberge avait prêté à Pedro Pérez des vêtements féminins, jupe, corsage, coiffe, voile, ainsi qu'une queue de vache à poils roux. Le barbier revêtit le costume de femme tandis que le curé attachait la queue de vache à son menton en guise de barbe postiche. Puis il s'inclina devant maître Nicolas en disant :

– Je suis donc votre écuyer, gente dame.

– Et moi, répondit le barbier, je suis une demoiselle en peine qui vient demander de l'aide au valeureux chevalier Don Quichotte, étoile de la chevalerie errante !

Sancho ne pouvait regarder les deux hommes déguisés sans éclater de rire, tellement ils étaient ridicules. La folie de Don Quichotte l'aveuglerait-elle au point de lui faire prendre un barbier pour une demoiselle ? Les avis étaient partagés quand vint à passer une jeune femme à cheval. Elle aussi se mit à rire à la vue des hommes déguisés. La conversation s'engagea. Finalement, sur les prières du curé, la jeune femme accepta de porter secours au malheureux Don Quichotte : elle jouerait le rôle de la demoiselle en peine, certainement mieux que le barbier !

Comme prévu, la demoiselle se jeta aux pieds du chevalier. Comme prévu, elle lui déclara tout ce qu'une demoiselle en peine déclare à un chevalier pour obtenir son aide et termina par ces mots :

– C'est donc à vous que je viens, tant votre renommée est grande, ô Don Quichotte, ô chevalier à la Triste Figure ! Et je ne me relèverai point avant que vous ne m'ayez fait le don que je vous supplie de m'accorder !

– Que votre extrême beauté se relève, je lui accorde ce don s'il est en mon pouvoir de venir à votre aide, répondit Don Quichotte.

– Que Votre Seigneurie me promette de ne s'engager dans aucune aventure jusqu'à ce qu'elle m'ait vengée d'un traître de géant qui occupe mes royaumes ! Vous serez largement récompensé par quelque terre dont je vous ferai le souverain.

– Eh bien, Sancho, dit Don Quichotte en se tournant vers son écuyer, ne te l'avais-je pas dit ? Voici un royaume qui vient à nous ! Allons prêter secours à cette grande princesse.

Don Quichotte enfourcha Rossinante. C'est ainsi qu'il fut tiré de la Sierra Morena. Mais le chemin jusqu'à son château était encore bien long et semé de surprises…

7

Aussi grand héros que l'on soit, il n'est pas bon d'affronter un géant le ventre vide. Pedro Pérez réussit à persuader Don Quichotte de faire halte à l'hôtellerie qu'il prenait pour un château. Rassuré par la présence du curé, l'hôtelier accepta de le loger à nouveau. Le
chevalier, épuisé par ses jours de jeûne dans la 33
Sierra Morena, mangea et s'endormit de suite. Le curé et le barbier rendirent à la servante les vêtements de femme et la queue de vache, tout en racontant à l'hôtelier et à sa femme l'histoire de Don Quichotte.

– Par Dieu ! Ce sont les livres de chevalerie qui lui ont tourné la tête.

– Quel dommage ! dit l'hôtelier. À l'époque des moissons, nous logeons ici tout un tas de gens, et quand l'un d'eux sait lire, c'est un plaisir pour la compagnie de l'écouter.

– Avec la lecture, on oublie tous ses soucis, ajouta la femme de l'hôtelier.

– Mais les livres sont faits pour amuser nos moments perdus, dit le curé. On suppose qu'il n'y aura jamais personne d'assez fou pour croire vraies toutes les histoires qui s'y racontent.

Ils discutaient ainsi paisiblement quand Sancho Pança fit irruption dans la pièce en criant :

– Au secours ! Venez en aide à mon maître ! Il veut trancher la tête au géant qui tient le royaume de madame la princesse !

– Par Dieu ! As-tu perdu l'esprit ? dit le curé. Il n'y a pas de géant ici.

– Mais si ce n'est pas un géant, qu'est-ce qui fait couler autant de sang ?

– Ça coule, dis-tu ? s'écria soudain l'hôtelier, tout pâle.

Et avec un rugissement, il se précipita dans la chambre où il avait logé Don Quichotte. Le barbier et Sancho le suivirent. On entendit un bruit épouvantable à l'étage :

– Arrête, maudit géant, que je te tranche la tête ! criait Don Quichotte.

– Arrêtez, maudit chevalier ! criait l'hôtelier.

– Arrêtez tout ce sang ! criait Sancho.

Le curé finit de monter l'escalier et découvrit un spectacle effroyable : Don Quichotte en chemise, combattait une forme sombre à grands coups d'épée, faisant gicler le sang dans toute la chambre. En fait, il était en proie à une crise de somnambulisme. 34

– Mes outres ! Mes outres ! hurlait l'hôtelier. 35

Car ce qui coulait, c'était le vin contenu dans les outres ! Toute la réserve de l'hôtelier ! Et Don Quichotte donnait des coups d'épée dedans ! Il fallut aller puiser un seau d'eau bien froide et le jeter à la tête du chevalier pour qu'enfin il se réveille et cesse de combattre.

Sancho furetait dans la pièce tout en grommelant :

– Si je ne retrouve pas la tête du géant, jamais la princesse ne voudra croire que son royaume est libéré, et mon île va fondre comme le sel dans l'eau.

Le curé réussit à rétablir l'ordre : à l'hôtelier, il promit de rembourser le vin ; à Sancho Pança, il promit que la princesse croirait le chevalier victorieux sur parole ; à Don Quichotte, il fit donner une autre chambre.

Le chevalier conclut la soirée en déclarant :

– Dans ce château, tout arrive par voie d'enchantement !

Avec la complicité de tous, le curé acheta une charrette à bœufs, fit fabriquer une cage, déguisa tous les participants, à part Sancho, et très tôt le lendemain matin, entra dans la chambre où dormait Don Quichotte. On se jeta sur lui. On lui lia les pieds et les mains. Le chevalier, réveillé en sursaut, s'imagina voir les fantômes du château et se laissa emmener sans opposer de résistance.

– Par Dieu ! Plus vite on sera de retour au château, mieux cela vaudra, dit Pedro Pérez à maître Nicolas.

– Comme c'est étrange, disait Don Quichotte à Sancho Pança. Dans les livres, on emporte les chevaliers par les airs ou sur des chars de feu, ou encore sur un nuage. Et moi, dans une charrette à bœufs ! Peut-être la chevalerie et les enchantements des temps modernes suivent-ils une autre manière que ceux des temps anciens ?

Enfin le cortège arriva au château de Don Quichotte. Tout le village apprit le retour des disparus. La femme de Sancho accourut bien vite.

– Quelles nouvelles de notre âne ? demanda-t-elle.

Comment Don Quichotte arrive-t-il à son château ?

– Il est mieux portant que le maître !

– Qu'as-tu gagné à faire l'écuyer ? M'apportes-tu un cadeau ?

– Bien mieux que tout ça ! Car si nous nous remettons en route pour chercher des aventures, il se peut que je devienne gouverneur. On m'appellera Votre Seigneurie et je marierai notre fille à un duc ou à un comte !

– Comte ou duc ? Es-tu fou ? Tu la rendras malheureuse, elle n'est pas faite pour ça.

Pendant que Sancho et sa femme s'expliquaient, Don Quichotte, plus sec qu'un sarment de vigne, était accueilli par sa gouvernante. Elle se promit de le surveiller de près. Elle craignait qu'une fois rétabli, le démon de l'aventure ne le reprenne.

Pendant les semaines qui suivirent, la gouvernante soigna son maître du mieux qu'elle put. Et, en effet, avec un bon lit et de bons repas, Don Quichotte reprit des forces. Le curé et le barbier venaient régulièrement lui tenir compagnie, ce qui leur permettait de juger s'il devenait raisonnable. Don Quichotte parlait de tout et de rien comme s'il était guéri. Jusqu'au jour où ils abordèrent le sujet de la chevalerie. Alors une flamme s'alluma dans les yeux de Don Quichotte. Il s'écria :

– Je me fatigue à faire comprendre au monde quel heureux temps c'était quand les chevaliers errants défendaient les faibles et tâchaient de faire le monde meilleur qu'il n'est !

– Par Dieu ! Ça recommence ! murmura Pedro Pérez.

Ils furent interrompus par des cris qui provenaient de la cour du château.

– Dehors ! criait la gouvernante. Va-t'en au diable !

– Au diable toi-même ! Je veux voir Don Quichotte. Il m'a promis une île.

– Misère de misère ! Que cette île t'étouffe, tu ne le verras pas.

Pedro Pérez et maître Nicolas avaient reconnu la voix de Sancho Pança. Comme la gouvernante, ils auraient voulu le chasser loin du château, mais Don Quichotte se pencha par la fenêtre et ordonna :

– Qu'il entre et qu'on me laisse seul avec lui !

– Ce pauvre Sancho s'est si bien planté l'île dans la cervelle que rien ne pourra le détromper, dit le curé en quittant le château.

– Surveillez-les bien ! dit le barbier en suivant le curé.

La gouvernante obéit aux ordres, et resta l'oreille collée à la porte.

– Quelles nouvelles, Sancho ? demanda Don Quichotte.

– Vous ne vous fâcherez pas si je vous dis la vérité ?

– Parle librement, mon bon Sancho.

– Eh bien voilà... Dans le village, et même au-delà, tout le monde dit que... que vous êtes fou. Fou à lier ! Et moi avec...

La gouvernante eut beau tendre l'oreille, elle ne put en entendre davantage. Mais comme son maître ne s'était pas mis en colère aux paroles de Sancho, comme l'écuyer semblait avoir conscience de sa folie et donc être sur la voie de la guérison, elle fut rassurée. D'ailleurs, elle ferait bonne garde.

Mais que peut une vieille femme contre deux hommes résolus à tenter l'aventure ? Une nuit, Don Quichotte, monté sur Rossinante, et Sancho Pança, à califourchon sur le grison reprirent la route. Il n'avait pas été difficile à Don Quichotte de convaincre à nouveau un Sancho qui n'avait qu'une envie : croire de nouveau à son île. Les deux hommes avaient pris le chemin du Toboso, dans l'intention de rendre visite à Dulcinée.

– Avant toute nouvelle aventure, je lui demanderai sa bénédiction, car rien ne rend les chevaliers plus courageux que l'amour de leur très noble dame.

Sancho Pança se fit tout petit. Il craignait que Don Quichotte ne découvre la vérité : il n'avait jamais porté de lettre à Dulcinée… Quand ils arrivèrent à l'entrée du village du Toboso, il faisait encore nuit.

– Conduis-moi au palais de dame Dulcinée ! ordonna Don Quichotte.

– Eh bien… Votre Seigneurie… Il fait très noir encore. Est-il bien convenable que vous vous présentiez à cette heure aux portes du palais ?

– Tu as raison, Sancho. Laissons noblement reposer ma dame d'amour.

Sancho avait réussi à gagner un peu de temps. Mais il ne put empêcher le jour de se lever, ni Don Quichotte de revenir à son idée :

– Va au Toboso, et ne reviens qu'après avoir vu Dulcinée, afin que je sache si elle m'autorise à paraître en sa présence.

Sancho s'éloigna au trot de son grison. Dès qu'il fut hors de vue de Don Quichotte, il s'arrêta, descendit de son âne et gémit :

– Entre deux dents, je crois que j'ai mis le doigt… Si je ne lui ramène pas sa princesse, ça va chauffer pour moi ! Mais comment la trouver puisqu'elle n'existe pas ? Qu'est-ce que je vais pouvoir inventer ?

8

Le soleil était déjà haut et Don Quichotte attendait. Sancho Pança n'était toujours pas de retour. Le chevalier, impatient de rencontrer Dulcinée, se demandait s'il n'allait pas partir sur les traces de son écuyer. C'est alors qu'apparut Sancho, lancé au grand trot de son âne.

– Ami, portes-tu de bonnes ou de mauvaises nouvelles ? Accepte-t-elle de me voir ?

– Excellentes nouvelles ! Madame la princesse Dulcinée du Toboso vient en personne à votre rencontre avec deux de ses femmes.

Don Quichotte crut mourir de joie à l'idée de voir enfin sa dame d'amour.

– Suivez-moi, dit Sancho en faisant tourner bride au grison. Vous allez les voir, couvertes de bijoux de soie et de velours, montées sur les plus beaux chevaux que j'aie jamais vus ! Autant tu as, autant tu vaux, elles valent leur pesant d'or !

Et en effet, trois femmes apparurent au détour du chemin.

– Regardez, Votre Seigneurie. Elles viennent à nous, resplendissantes comme le soleil ! s'exclama Sancho.

– Comment ? s'écria Don Quichotte en clignant des yeux. Je le jure, je ne vois que trois paysannes à califourchon sur trois mauvaises bourriques.

– Est-il possible, Votre Seigneurie, que trois magnifiques chevaux vous paraissent comme trois bourriques ?

– Je t'assure ! Quant aux dames, je…

– Frottez-vous les yeux et venez rendre grâce à la très haute souveraine de votre cœur.

Et disant ces mots, Sancho Pança se jeta à bas de son âne et, saisissant la bride de la première monture, genou à terre, il déclama :

– Reine, princesse et duchesse de beauté, que Votre grande Grandeur ait la très grande bonté de regarder Don Quichotte, le très grand chevalier qui l'adore !

Don Quichotte, imitant son écuyer, s'était mis à genoux lui aussi et regardait avec des yeux hagards celle que Sancho appelait reine et duchesse et princesse et grande Grandeur. Il ne voyait qu'une villageoise vêtue d'une vulgaire

Qui est la Dulcinée du Toboso que Sancho a trouvée ?

jupe de gros drap, le teint rouge et la taille épaisse. Il était tellement stupéfait qu'il ne pouvait articuler une syllabe.

Il y avait de quoi ! La Dulcinée en question était bien une simple paysanne, la première que Sancho avait trouvée sur son chemin. Quand il était parti en direction du village du Toboso, il était dans un tel embarras à l'idée de dénicher une princesse introuvable, qu'il avait renoncé à chercher. Il s'était dit : « D'entre deux dents, il faut sortir le doigt ! Puisque mon maître prend si souvent une chose pour une autre, des moulins pour des géants, des hôtelleries pour des châteaux, des moutons pour des armées ennemies, je vais faire pareil avec sa princesse. La première paysanne qui croisera notre chemin sera Dulcinée, fût-elle laide comme l'enfer ! Et j'en jurerai de toutes mes forces, et je n'en démordrai pas, si bien qu'il faudra bien qu'il le croie ! »

Et c'est ainsi que Don Quichotte et Sancho Pança se trouvaient face à face avec trois paysannes, auxquelles ils s'adressaient comme si elles étaient des princesses ! Ce qui ne leur fit pas grand plaisir car elles pensaient qu'on se moquait d'elles.

– Gare ! cria la paysanne dont Sancho avait arrêté l'âne. On n'a pas que ça à faire !

– Ô princesse, ô Dame du Toboso, Votre Grandeur ne s'attendrit pas en voyant agenouillé devant elle le plus fameux de tous les chevaliers errants, Don Quichotte de la Manche ?

– Allez au diable !

– Par Dieu, s'écria Don Quichotte en retrouvant la voix, il faut qu'un enchanteur ait jeté sur ma vue des nuages puisqu'il a transformé ma dame à la beauté sans égale en une misérable paysanne !

D'une secousse, la princesse-paysanne arracha des mains de Sancho la bride de son âne, mit sa bourrique au trot et disparut avec ses deux compagnes. Don Quichotte les suivit longtemps des yeux et déclara en soupirant :

– Vois, Sancho, quelle haine me porte l'enchanteur Friston ! Vois ce qu'il a fait à ma Dulcinée ! Il a transformé les diamants de ses yeux en vieilles noix, ses cheveux d'or en crins, et surtout, il lui a ôté ce qui caractérise les grandes dames…

– Quoi donc, Votre Seigneurie ?

– L'odeur ! Car au lieu d'un merveilleux

parfum de rose, j'ai senti une odeur d'ail à empester l'âme.

– Maudit enchanteur ! répondit Sancho en essayant de garder son sérieux.

Finalement, les deux hommes remontèrent sur leur bête et reprirent le cours de leurs aventures. Les événements ne se firent pas attendre : ils rencontrèrent un gentilhomme – un vrai cette fois – le duc Don Diego de Miranda, qui écouta avec étonnement les discours de Don Quichotte, incapable de décider si c'était un sage ou un fou. Et ce qu'il vit peu après ne l'aida pas à juger.

Un chariot orné de banderoles venait à leur rencontre, mené par deux hommes. Don Quichotte mit son casque, empoigna son épée et s'écria :

– Me voici prêt à combattre ! Holà ! Qu'est-ce que ce chariot et que menez-vous dans les cages que je vois là ?

– Ce sont deux beaux lions qu'un gouverneur offre au roi. Ils sont de belle taille et n'ont pas mangé ce matin. Aussi faites place, afin que nous arrivions le plus vite possible pour les nourrir.

– Des lions ! Vous allez voir si je suis homme à m'effrayer de lions. Ouvrez les cages, éloignez-vous, et je ferai savoir à ces bêtes sauvages qui est Don Quichotte de la Manche !

Ni les charretiers, ni Sancho ne purent faire changer d'avis Don Quichotte. Devant leur refus d'ouvrir les cages, il les menaça de sa lance. Tout tremblant, un des charretiers ouvrit alors une des deux cages et s'enfuit rejoindre ceux qui s'étaient déjà mis à l'abri dans un bouquet d'arbres.

– Mon île ! Jamais je n'aurai mon île ! se désolait Sancho Pança. Mon maître va se faire dévorer tout cru !

Don Quichotte s'était solidement planté devant la cage ouverte, se recommandant à Dulcinée. Le lion le regarda fixement, ouvrit la gueule, secoua sa crinière, montra ses griffes, bâilla lentement, tira une langue démesurée, s'en nettoya le museau, sortit la tête de la cage, regarda à droite, puis à gauche et finalement… se recoucha en présentant son derrière au chevalier ! Il n'y avait rien à faire. Le lion n'était pas d'humeur à se fâcher. On referma la cage et chacun reprit sa route.

Don Diego de Miranda était émerveillé de l'attitude de Don Quichotte.

– Est-il possible qu'il existe encore des
chevaliers errants dans le monde ? Des hommes
de courage qui défient les lions, défendent les 36
faibles, corrigent les injustices et redressent les
torts ! Je n'arrive pas à le croire.

Le duc n'avait jamais rencontré quelqu'un comme Don Quichotte. Il le trouvait vraiment différent des autres hommes. Il décida de l'inviter chez lui, dans un véritable château.

Don Quichotte et Sancho y furent très bien reçus : bonne table, chambre confortable, divertissements dignes de grands seigneurs, chasse, musique, danseurs, jongleurs…

Mais l'épouse du seigneur Don Diego aimait la plaisanterie. Et avec Don Quichotte, elle était sûre de bien s'amuser. Aidée de ses amis et serviteurs, la duchesse prépara à ses deux hôtes une surprise à la mesure de leur folie.

Un soir, au cours du repas, une femme en grand deuil et la tête voilée demanda à être reçue. Elle entra entourée de dizaines de servantes en deuil elles aussi, et dit :

– Je suis la comtesse Trifaldi. Je viens chercher

ici le célébrissime chevalier errant Don Quichotte, le chevalier à la Triste Figure, dont la renommée a traversé les frontières de mon lointain royaume. Ma grandissime douleur trouvera de l'aide dans sa couragissime valeur !

– Oui, répondit la duchesse, ce héros que vous nommez est bien là. Que lui voulez-vous ?

– Ô brillantissime lumière de la chevalerie ! Ô loyalissime écuyer ! dit la comtesse en se tournant vers Don Quichotte et Sancho Pança. Venez à mon secours, malheurissime que je suis !

L'épouse de Don Diego de Miranda, qui avait préparé la mise en scène, avait de la peine à ne pas éclater de rire. La comtesse raconta ses prétendus 37
malheurs : un géant nommé Malembruno lui avait fait pousser une barbe ! Le remède ? Que Don Quichotte et Sancho Pança enfourchent un cheval magique qui les emporterait dans les airs jusque chez Malembruno. Il fallait combattre le géant et gagner la bataille pour que l'enchantement du menton de la comtesse soit défait.

– Hein ? s'exclama Sancho. Nulle part il n'est dit que les écuyers participent aux combats avec leur seigneur. Je refuse. C'est non ! Entre deux dents, je ne mettrai pas le doigt !

– Ami Sancho, dit Don Quichotte, n'est-ce pas le moment de penser à cette île dont tu désires si fort être gouverneur ? Penses-tu la gagner en restant ici ?

Encouragé par les uns, flatté par les autres, poussé par tous, Sancho se tortilla dans tous les sens, répéta dix fois non et finit par accepter.

On banda les yeux des deux hommes, on les hissa sur un cheval de bois préparé tout exprès et en route ! Le cheval fila dans les airs. C'est du moins ce que crurent Don Quichotte et Sancho Pança, à cause des soufflets que les serviteurs de la duchesse se mirent à actionner tout autour. Où allaient-ils atterrir ?

9

Toute l'assemblée s'amusait beaucoup de voir l'air guerrier de Don Quichotte et surtout les mimiques terrifiées de Sancho Pança. L'écuyer 38
se recommandait aux anges qu'il pensait croiser sur sa route aérienne, tout en débitant un chapelet de proverbes. Soudain, Don Diego fit signe à ses serviteurs d'arrêter les soufflets et de mettre le feu à la queue du cheval. La machine de bois explosa car elle était bourrée de pétards et de fusées, qui par leur souffle, projetèrent les deux cavaliers sur le gazon.

Quand Don Quichotte et Sancho arrachèrent le bandeau posé sur leurs yeux, ils eurent la surprise de se retrouver dans le jardin de Don Diego, où toute l'assistance était plongée dans un profond sommeil. Sancho regardait chacun avec curiosité, ne sachant ce qu'il fallait en conclure, quand Don Quichotte l'appela : il venait d'apercevoir, plantée dans le sol, une lance à laquelle était attaché un parchemin. Le 39 chevalier le détacha et lut :

« Le valeureux Don Quichotte a mis fin à l'enchantement dont la comtesse Trifaldi était victime, simplement parce qu'il a eu le courage de se lancer dans l'aventure. Le géant Malembruno renonce au combat et déclare le chevalier vainqueur. »

L'aventure se conclut par le réveil de la compagnie, les félicitations de tous à Don Quichotte et une surprise pour Sancho Pança. Don Diego lui accordait enfin ce dont il rêvait depuis si longtemps : le gouvernement d'une île ! C'était bien sûr une nouvelle plaisanterie, mais chaque détail était si bien mis au point que tout sembla réel à l'écuyer.

– Qu'on apporte au seigneur gouverneur le costume pour gouverner ! commanda Don Diego.

– Qu'on m'habille comme on voudra, je serai toujours Sancho Pança.

Suivirent toutes sortes de recommandations de Don Quichotte à son écuyer sur la manière de bien se tenir et de bien gouverner. Lassé, Sancho finit par dire :

– Je vois bien que toutes ces choses que vous me dites sont bonnes. Mais si je ne m'en rappelle pas une seule, à quoi ça va me servir ?

– Au moins, souviens-toi de tenir ta langue et de ne pas accumuler les proverbes les uns après les autres comme tu fais toujours.

– Ça, je m'en souviendrai ! Autant tu as, autant tu vaux ! Tant va la cruche à…

– Maudit Sancho, qui ne sait tenir sa langue ! s'exclama Don Quichotte.

– Si vous y regardez de près, vous verrez que c'est vous qui m'avez mis en tête de gouverner. Car je crois que je ne sais pas plus gouverner les îles qu'un oisillon.

– Allons ! Tu as un bon naturel. Peut-être cela te suffira-t-il pour bien gouverner ?

Don Quichotte serra une dernière fois Sancho Pança dans ses bras et le laissa aller. Ils avaient tous les deux les larmes aux yeux.

Puis Don Diego fit accompagner le nouveau gouverneur dans son île, c'est-à-dire, après avoir traversé une rivière, dans un gros village qui était sa propriété. On sonna les cloches, on apporta les clés du bourg sur un coussin et en grande cérémonie, on conduisit Sancho Pança à la salle d'audience où on lui remit officiellement le gouvernement de l'île de Barataria. Aussitôt deux vieillards s'approchèrent pour se faire rendre justice. Le premier des deux déclara :

– Seigneur gouverneur, j'ai prêté une somme de dix écus d'or à ce brave homme qui était mon ami. Et maintenant, il refuse de me rendre l'argent. Il affirme qu'il l'a déjà fait et que c'est moi qui ai oublié. Comme il n'osera pas se
parjurer devant Dieu, je vous demande d'exiger 40
qu'il fasse le serment qu'il m'a bien tout rendu.

– Qu'en dis-tu ? demanda Sancho au second vieillard, qui s'appuyait sur une canne.

– C'est vrai qu'il m'a prêté ces dix écus. Mais j'ai tout rendu.

Sancho considéra les deux vieillards. Lequel des deux mentait ? Le plaignant ? Il avait pourtant l'air honnête. L'homme à la canne ? Drôle de canne tout de même pour un vieillard qui semblait avoir de l'argent : elle ressemblait plutôt à un bâton de paysan, grossière et noueuse. Peut-être leur mémoire à tous deux devenait-elle
défaillante avec l'âge ? Quoi qu'il en soit, Sancho 41
ordonna au second vieillard de prêter serment. L'homme, embarrassé par sa canne, la donna au plaignant et, une main levée, l'autre posée sur une bible, il dit avec assurance :

Sancho a deviné où le vieillard voleur a caché l'argent. Où est-ce ?

– Je jure que j'ai bien rendu les dix écus à l'homme ici présent.

Le premier vieillard quitta la salle d'audience tête basse. Le vieillard à la canne, lui, s'en allait en se pavanant. Mais Sancho n'était pas satisfait. 42
Quelque chose ne lui plaisait pas dans l'attitude de l'homme à la canne.

– Qu'on me les ramène tous les deux ! s'écria-t-il.

Il demanda sa canne au second vieillard, la donna au premier et dit :

– Soyez en paix, maintenant, vous voilà payé pour de bon. Autant tu as, autant tu vaux !

– Moi, Seigneur ? Payé avec cette canne ?

– Parfaitement ! Ou je suis la plus grosse bête du monde !

Sancho ordonna qu'on brise la canne : les écus étaient cachés dedans ! De cette façon, le voleur avait pu jurer sans mentir.

Il y eut encore deux ou trois jugements du même genre et les assistants admiraient l'habileté de leur nouveau gouverneur. Après quoi, on conduisit Sancho à la salle à manger où la table était garnie des meilleurs plats : perdrix farcies, lapins fricassés, veau en sauce… Sancho, qui

avait bon appétit, approcha la main du premier plat. Mais alors, le médecin affecté au service du gouverneur lui ôta la nourriture des mains, déclarant avec beaucoup de latin dans son discours que ça ne valait rien pour sa santé. Même manège avec tous les plats. Affamé,
dépité, Sancho s'écria : 43

– Que ce médecin aille au diable, ou je lui casse la tête ! Tant va la cruche à l'eau…

– Un courrier pour le gouverneur ! cria un valet en entrant dans la salle. À remettre en mains propres au gouverneur de l'île de Barataria ou à son secrétaire.

– Qui est mon secrétaire ? demanda Sancho qui ne savait pas lire.

Un homme s'approcha, ouvrit le courrier, et avant de le lire à haute voix, fit évacuer la salle. Le courrier annonçait que des ennemis allaient attaquer l'île, renverser le gouvernement et tuer le gouverneur. C'était la suite de l'histoire imaginée par Don Diego et la duchesse, mais Sancho l'ignorait. Il resta frappé de stupeur. Gouverner, ce n'était pas du tout ce qu'il croyait ! On mit le bourg en alerte, on organisa des rondes et des tours de garde.

Au bout de quelques jours, Sancho Pança était épuisé : on l'empêchait de manger, on le dérangeait sans cesse pour un jugement, on le surveillait nuit et jour à cause des menaces de guerre. La septième nuit de son gouvernement, il fut réveillé en sursaut par un tapage de cloches, de trompettes et de tambours. Vingt personnes entrèrent dans sa chambre en criant :

– Aux armes, Seigneur gouverneur !

Sans attendre, on se saisit de Sancho, on le glissa dans une armure plus lourde que lui, on le chargea d'une lance, d'une épée, d'un bouclier, si bien qu'au premier pas qu'il fit, il s'étala de tout son long. Les ennemis entrèrent alors dans la chambre, et un furieux combat s'engagea. On trébuchait sur Sancho, on tombait sur lui, on le piétinait... Le pauvre gouverneur était plus mort que vif tant il avait peur ! Quand sa garde eut repoussé l'ennemi, Sancho se fit relever et se fit désarmer. Il s'habilla sans un mot, gagna l'écurie, mit ses bras autour du cou de son grison et lui déclara :

– Que j'étais heureux tout simplement avec toi ! Depuis que je t'ai laissé pour être un grand de ce monde, j'ai vécu plus de mille misères.

Et Sancho, remontant sur son âne, quitta sans regret l'île pour laquelle il avait tant et tant soupiré, heureux de retrouver son ancienne liberté.

Son retour fit le bonheur de Don Quichotte. Les deux hommes saluèrent Don Diego et sa femme, et repartirent à l'aventure, Sancho riche de son trésor de proverbes et Don Quichotte empli de son idéal.

Ils vécurent encore bien des aventures ensemble, jusqu'au jour où, l'âge venant, Don Quichotte tomba gravement malade et retourna dans son château. Après une fièvre de six jours, il se réveilla un matin tout changé. La gouvernante se pencha vers lui :

– Comment vous sentez-vous, mon maître ?

– J'ai la raison libre et claire ! Toutes ces folies auxquelles j'ai cru ! Tous ces livres de chevalerie ! Ils sont pleins d'extravagances, je le comprends maintenant.

La gouvernante se serait réjouie de voir son maître redevenir sain d'esprit s'il n'avait pas été si affaibli. Don Quichotte demanda qu'on fasse appeler ses amis, le barbier, le curé, et Sancho

Pança. Il voulait leur parler, maintenant qu'il avait recouvré la raison, et les remercier d'avoir
pris soin de lui. Il fit son testament, donnant à 44
chacun de quoi assurer son avenir. Tous comprenaient que le pauvre chevalier n'avait plus beaucoup de temps à vivre. Il termina en s'adressant à Sancho :

– Je t'ai entraîné dans ma folie, te faisant paraître aussi fou que moi. Pardonne-moi !

Sancho Pança éclata en sanglots. Plus personne 45
ne pouvait dire un mot. Don Quichotte regarda une dernière fois ses amis, puis il rendit l'âme.

Peut-être était-il fou… Mais il n'y eut jamais sur terre homme plus courageux, plus humain ni plus généreux que lui.

1
Amadis de Gaule
Célèbre héros
de chevalerie.

2
Palmerin d'Angleterre
Célèbre héros
de chevalerie.

3
une **extravagance**
Idée ou action bizarre,
peu raisonnable.

4
un chevalier **errant**
Chevalier qui parcourt
le monde.

5
un **registre**
Livre de compte,
où l'on note les dépenses
et les recettes.

6
un **accoutrement**
Vêtement à l'allure
bizarre, ridicule.

7
charger
Foncer sur l'ennemi.

8
la **compassion**
Sentiment de celui qui
partage les souffrances
des autres.

9
faire entendre raison
Ramener à une attitude
normale.

10
un **barbier**
Artisan qui coiffait
et rasait les hommes
ou leur taillait la barbe.

11
grommeler
Parler en ronchonnant.

12
une **galère**
Bateau de guerre
où les rameurs étaient
des condamnés.

13
maléfique
Capable de faire le mal.

14
cheminer
Suivre le chemin.

15
un **écuyer**
Serviteur qui accompagne un chevalier.

16
Autant tu as, autant tu vaux
Proverbe qui signifie : c'est ce que tu possèdes qui fait ta valeur.

17
démesuré
Immense, qui dépasse les dimensions habituelles.

18
Entre deux dents il ne faut pas mettre le doigt
Proverbe qui signifie : il ne faut pas se placer dans une situation dangereuse.

19
Tant va la cruche à l'eau qu'à la fin elle se brise
Proverbe qui signifie : à force de s'exposer au danger, on finit par être victime.

20
la **stupéfaction**
Violente surprise.

21
Il y a remède à tout sauf à la mort
Proverbe qui signifie : on peut trouver une solution à tous les problèmes, mais pas à la mort.

22
un **muletier**
Homme qui s'occupe de mules.

23
s'interposer
Intervenir pour mettre fin à une dispute.

24
une **fronde**
Arme pour lancer des pierres avec force.

25
la **lucidité**
Qualité d'une personne qui a les idées claires.

26
hisser
Soulever.

27
la **terreur**
Très grande peur.

28
faire main basse sur
Prendre, emporter, voler.

29
une **sangle**
Bande de cuir qui passe sous le ventre du cheval pour maintenir la selle en place.

30
fouler la laine
Laver la laine en la brassant dans un bac tout en la faisant passer sous des marteaux de bois.

31
un **ermite**
Religieux qui vit seul dans un lieu désert.

32
transcrire
Écrire sous la dictée.

33
le **jeûne**
Privation volontaire de nourriture.

34
le **somnambulisme**
Action de dormir tout en se déplaçant comme une personne éveillée.

35
une **outre**
Sac de peau pouvant contenir du liquide.

36
défier
Provoquer quelqu'un pour se mesurer à lui.

37
de **prétendus** malheurs
Des malheurs inventés, qui n'en sont pas.

38
les **mimiques**
Mouvements du visage qui expriment ce que l'on ressent.

39
un **parchemin**
Peau d'animal préparée pour écrire dessus, comme sur du papier.

40
se parjurer
Jurer que quelque chose est vrai alors que c'est faux.

41
une mémoire **défaillante**
Mémoire qui s'affaiblit, provoquant des oublis.

42
en se pavanant
En marchant avec orgueil.

43
dépité
Contrarié, déçu.

44
un **testament**
Lettre précisant qui aura les biens qu'on laisse à sa mort.

45
éclater en sanglots
Verser brusquement des larmes.

Les aventures du rat vert

- 1 Le robot de Ratus
- 3 Les champignons de Ratus
- 6 Ratus raconte ses vacances
- 8 Ratus et la télévision
- 15 Ratus se déguise
- 19 Les mensonges de Ratus
- 21 Ratus écrit un livre
- 23 L'anniversaire de Ratus
- 26 Ratus à l'école du cirque
- 29 Ratus et le sapin-cactus
- 36 Ratus et le poisson-fou
- 40 Ratus et les puces savantes
- 1 Ratus chez le coiffeur
- 2 Ratus et les lapins
- 9 Ratus aux sports d'hiver
- 13 Ratus pique-nique
- 23 Ratus sur la route des vacances
- 27 La grosse bêtise de Ratus
- 38 Ratus chez les robots
- 41 Ratus à la ferme
- 8 La classe de Ratus en voyage
- 12 Ratus en Afrique
- 16 Ratus et l'étrange maîtresse
- 26 Ratus à l'hôpital
- 29 Ratus et la petite princesse
- 31 Ratus et le sorcier
- 33 Ratus gardien de zoo

Les aventures de Mamie Ratus

- 7 Le cadeau de Mamie Ratus
- 39 Noël chez Mamie Ratus
- 3 Les parapluies de Mamie Ratus
- 8 La visite de Mamie Ratus
- 31 Le secret de Mamie Ratus
- 5 Les fantômes de Mamie Ratus

Ralette, drôle de chipie

- 10 Ralette au feu d'artifice
- 11 Ralette fait des crêpes
- 13 Ralette fait du camping
- 18 Ralette fait du judo
- 22 La cachette de Ralette
- 24 Une surprise pour Ralette
- 28 Le poney de Ralette
- 38 Ralette, reine du carnaval
- 4 Ralette n'a peur de rien
- 6 Mais où est Ralette ?
- 20 Ralette et les tableaux rigolos
- 44 Les amoureux de Ralette
- 11 Ralette au bord de la mer
- 34 Ralette et l'os de dinosaure

Collection Ratus Poche

Les histoires de toujours

- 27 Icare, l'homme-oiseau
- 32 Les aventures du chat botté
- 35 Les moutons de Panurge
- 37 Le malin petit tailleur
- 41 Histoires et proverbes d'animaux
- 26 Le cheval de Troie
- 32 Arthur et l'enchanteur Merlin
- 36 Gargantua et les cloches de Notre-Dame
- 43 La légende des santons de Provence
- 21 L'extraordinaire voyage d'Ulysse
- 27 Robin des Bois, prince de la forêt
- 36 Les douze travaux d'Hercule
- 40 Les folles aventures de Don Quichotte

Super-Mamie et la forêt interdite

- 39 Super-Mamie, maîtresse magique
- 42 Au secours, Super-Mamie !
- 45 Super-Mamie et la machine à rétrécir
- 37 Le mariage de Super-Mamie
- 39 Super-Mamie s'en va-t-en guerre !

L'école de Mme Bégonia

- 11 Drôle de maîtresse
- 14 Au secours, le maître est fou !
- 16 Le tableau magique
- 25 Un voleur à l'école
- 33 Un chien à l'école

La classe de 6e

- 14 La classe de 6e et les hommes préhistoriques
- 17 La classe de 6e tourne un film
- 24 La classe de 6e au Futuroscope
- 30 La classe de 6e découvre l'Europe
- 35 La classe de 6e et les extraterrestres

Achille, le robot de l'espace

- 31 Les monstres de l'espace
- 33 Attaque dans l'espace
- 34 Les pirates de l'espace
- 19 Les pièges de la cité fantôme

Collection Ratus Poche

Baptiste et Clara

- 30 Baptiste et le requin
- 35 Baptiste et Clara contre le vampire
- 37 Baptiste et Clara contre le fantôme
- 40 Clara et la robe de ses rêves
- 22 Baptiste et Clara contre l'homme masqué
- 32 Baptiste et le complot du cimetière
- 38 Clara superstar
- 41 Clara et le garçon du cirque

Les enquêtes de Mistouflette

- 9 Mistouflette et le trésor du tilleul
- 30 Mistouflette sauve les poissons
- 34 Mistouflette et les chasseurs
- 5 Mistouflette et les tourterelles en danger
- 24 Mistouflette enquête au pays des oliviers
- 1 Mistouflette contre les voleurs de chiens
- 7 Mistouflette et la plante mystérieuse

Hors séries

- 2 Tico fait du vélo
- 4 Tico aime les flaques d'eau
- 5 Sino et Fanfan au cinéma
- 12 Le bonhomme qui souffle le vent
- 25 Sino fête son anniversaire
- 7 Mon copain le monstre
- 19 Le petit dragon qui toussait
- 28 Nina et le vampire
- 2 Les malheurs d'un pâtissier
- 3 Karim et l'oiseau blanc
- 4 Timothée et le dragon chinois
- 6 Le facteur tête en l'air
- 9 Romain, graine de champion
- 10 Le trésor des trois marchands
- 15 Une nuit avec les dinosaures

Conception graphique couverture : Pouty Design
Conception graphique intérieur : Jean Yves Grall • mise en page : Atelier JMH

Imprimé en France par Pollina, 85400 Luçon - n° L96140
Dépôt légal n° 42464 - février 2005